En el rancho del Oeste

por Ellen Leigh

ilustrado por Aleksey Ivanov

Scott Foresman
is an imprint of

Glenview, Illinois • Boston, Massachusetts • Chandler, Arizona
Upper Saddle River, New Jersey

Every effort has been made to secure permission and provide appropriate credit for photographic material. The publisher deeply regrets any omission and pledges to correct errors called to its attention in subsequent editions.

Unless otherwise acknowledged, all photographs are the property of Pearson.

Photo locations denoted as follows: Top (T), Center (C), Bottom (B), Left (L), Right (R), Background (Bkgd)

Illustrations by Aleksey Ivanov

Photograph 12 William J. Gillen/Library of Congress

ISBN 13: 978-0-328-53467-8
ISBN 10:   0-328-53467-6

Copyright © by Pearson Education, Inc., or its affiliates. All rights reserved.
Printed in the United States of America. This publication is protected by copyright, and permission should be obtained from the publisher prior to any prohibited reproduction, storage in a retrieval system, or transmission in any form or by any means, electronic, mechanical, photocopying, recording, or likewise. For information regarding permissions, write to Pearson Curriculum Rights & Permissions, One Lake Street, Upper Saddle River, New Jersey 07458.

Pearson® is a trademark, in the U.S. and/or other countries, of Pearson plc or its affiliates.

Scott Foresman® is a trademark, in the U.S. and/or other countries, of Pearson Education, Inc., or its affiliates.

2 3 4 5 6 7 8 9 10 V0N4 13 12 11 10

Faltaba poco para la primavera. Emma iba a cumplir ocho años en abril. Tendría edad para ayudar a su mamá y a su papá con el trabajo. Había mucho que hacer en el rancho.

En unas semanas los vaqueros llegarían al rancho para el rodeo de primavera. A Emma le parecía fantástico verlos trabajar.

Pero antes, Emma tenía que hacer su trabajo. Cuando el tiempo calentó un poco, su papá removió la tierra. Emma sembró semillas para cultivar calabazas, maíz y pepinos.

Emma traía agua del pozo para beber y cocinar. Ayudaba a su mamá a cocinar en la hoguera de la casa. Los miércoles horneaban pan en el horno de ladrillos. En días especiales hacían panecillos.

Su mamá le prometió a Emma enseñarle a coser. Emma quería hacerse un delantal. Trabajó en su delantal mientras su mamá cosía sábanas y ropa para la familia. Su delantal le quedó magnífico. Emma estaba orgullosa de él y lo usaba a diario.

Cuando terminaban el trabajo del día, Emma y su mamá leían juntas. Emma también le escribía cartas a su abuela. Le contaba lo que ocurría en el rancho. Le hacía dibujos en sus cartas.

A veces, Emma y su mamá salían a ver los vaqueros trabajar en el pastizal, donde corría y pastaba el ganado. A Emma le gustaba ver a los vaqueros perseguir las vacas que intentaban escapar de la manada.

Lo que más le gustaba a Emma era montar su caballo, Gris. Juntos galopaban por el río salpicándolo todo. Gris tragaba mucha agua. A veces Emma llevaba su caña de pescar. Si tenía suerte pescaba uno o dos bagres. Luego su mamá freía el pescado en una sartén para la cena.

En la primavera, el papá de Emma contrataba muchos vaqueros para el rodeo del ganado. Montada en Gris, Emma miraba a los vaqueros. Agitaban sus reatas y lazos, unas cuerdas con nudo corredizo para arrear el ganado.

Luego los vaqueros llevaban la manada de ganado al pueblo. Durante el recorrido, cocinaban sobre una hoguera. Al anochecer contaban historias y dormían bajo las estrellas.

Su papá dijo que un día se construiría un ferrocarril cerca del rancho. Entonces ya no necesitarían vaqueros. Emma esperaba que la construcción del ferrocarril se demorara. El rancho ya no sería el mismo sin sus héroes, los vaqueros.

La música en los tiempos de Emma

Los primeros colonos del Oeste norteamericano no tenían televisores ni radios. Se divertían tocando violines, guitarras, banyos y armónicas. También usaban cucharas y tablas de lavar para hacer música.

Hoy en día todavía se cantan canciones de los tiempos de Emma, canciones de los vaqueros del Oeste norteamericano.